الطفل الكامل وكتاب الطبخ الصغير

I0387761

100 وصفة صحية وسهلة لأفضل الأطعمة المهروسة ، وأطعمة الأصابع ، ووجبات الأطفال الصغار للعائلات السعيدة

ليلى لويس

تنصل

تهدف المعلومات الواردة في هذا الكتاب الإلكتروني إلى أن تكون بمثابة مجموعة شاملة من الاستراتيجيات التي أجرى مؤلف هذا الكتاب الإلكتروني بحثًا عنها. الملخصات والاستراتيجيات والنصائح والحيل ليست سوى توصيات للمؤلف ، وقراءة هذا الكتاب الإلكتروني لن تضمن أن نتائج المرء ستعكس نتائج المؤلف تمامًا. بذل مؤلف الكتاب الإلكتروني كل الجهود المعقولة لتوفير معلومات حديثة ودقيقة لقراء الكتاب الإلكتروني. لن يكون المؤلف وشركاؤه مسؤولين عن أي خطأ أو سهو غير مقصود قد يتم العثور عليه. قد تتضمن المواد الموجودة في الكتاب الإلكتروني معلومات من جهات خارجية. تشتمل مواد الجهات الخارجية على الآراء التي أعرب عنها أصحابها. على هذا النحو ، لا يتحمل مؤلف الكتاب الإلكتروني المسؤولية أو المسؤولية عن أي مواد أو آراء خاصة بطرف ثالث.

الكتاب الإلكتروني هو حقوق الطبع والنشر © 2022 مع جميع الحقوق محفوظة. من غير القانوني إعادة توزيع أو نسخ أو إنشاء عمل مشتق من هذا الكتاب الإلكتروني كليًا أو جزئيًا. لا يجوز إعادة إنتاج أي جزء من هذا التقرير أو إعادة إرساله بأي شكل تم نسخه أو إعادة إرساله بأي شكل من الأشكال دون إذن كتابي صريح وموقع من المؤلف.

2

جدول المحتويات

جدول المحتويات 3

المقدمة.. 8

بقوليات 9

1.حبوب الأرز.. 10

2.دقيق الشوفان من الحبوب 12

3.حبوب الشعير.. 14

4.عصيدة الأرز بالفواكه.. 16

5.وعاء أرز بالموز.. 18

6.أرز شهي ولذيذ.. 20

7.عصيدة الأطفال.. 22

8.بيرشر موسلي 24

الفاكهة 26

9.هريس المشمش 27

10.عصير تفاح مشكل 29

11.هريس الموز والأفوكادو.. 31

12.مكعبات مانجو.. 33

13.سموثي خوخ 35

14.أبل و بلاك بيري كذبة 37

15.كومبوت الخوخ والكرز 39

16.فطيرة لحم بالفواكه 41

خضروات.. 43

17.خضار مشكلة.. 44

18.عشاء نباتي.. 46

3

19. اسكواش ميكس	48
20. بطاطا حلوة بيري	50
21. هريس القرنبيط	52
22. باستا الكوسة	54
23. طماطم وبطاطس مع زعتر	56
24. خضروات مدهونة	58
25. أكلة الموز	60
26. أكلة الكوسة بالجبن	62
27. طفل راتاتوي	64
28. طفل جولاش	66
29. جبن القرنبيط	68
30. بوريه جزر ، قرنبيط ، سبانخ و جبن ...	70
31. جبن وخضروات	72
32. سلطة البطاطا والأفوكادو	74
33. كسكس التفاح	76
34. أشكال باستا الجوز	78
35. سلطة الفواكه الشتوية	80
36. مكرونة بصلصة الطماطم بالجبنة ...	82
37. باستا الصويا ، الكوسة والطماطم ...	84
38. كورجيت باتيه	86
39. أكلة الذرة الحلوة	88
40. معكرونة الزبادي والجبن القريش	90
41. مكرونة مع كوسة	92
اللحوم / الأسماك	**94**
42. هريس لحم البقر الأساسي	95
43. هريس الدجاج الأساسي	97

44. هريس السمك الأساسي	99
45. عجة صغيرة	101
46. طاجن دجاج بالكريمة	103
47. عشاء السمك	105
48. عشاء الكبد	107
49. وجبة دجاج وموز سهلة	109
50. لحم ضأن مع شعير لؤلؤي	111
51. دجاج بالمشمش	113
52. طاجن دجاج مالح	115
53. تونة تغموس	117
54. بيوريه الدجاج والكمثرى	119
55. مهروس الدجاج والقرع	121
56. دجاج بالذرة الحلوة والكمثرى	123
57. يخنة لحم البقر مع بوريه الجزر	125
58. حساء الدجاج المشوي والخضروات	127
59. تركيا وبرغر المشمش	129
60. كسكس الدجاج اللذيذ	131
61. كرات لحم اطفال بالصلصة	133

حساء 135

62. حساء الدجاج	136
63. شوربة لحم بالخضار	138
64. شوربة اليقطين	140
65. حساء القرع	142
66. حساء البيض	144
67. حساء الهليون	146
68. بيبي بورشت (حساء الشمندر)	148

69. شوربة التفاح والبطاطا الحلوة 150	
70. حساء الخضار الجذرية والحمص 152	
71. MINESTRONE بسيط 154	

هريس 156

72. مهروس السبانخ والبطاطا 157
73. بوريه الكوسا والبطاطا 159
74. بوريه الجزر والبطاطس 161
75. مهروس الجزر والجزر الأبيض 163
76. بيوريه الكمثرى والبطاطا الحلوة 165
77. مهروس الخوخ والموز السريع 167
78. بوريه البطاطا الحلوة والأفوكادو 169
79. بيوريه الباذنجان 171
80. مهروس الخيار والأعشاب 173
81. مهروس الجزر والتفاح 175
82. مهروس الجزر والمشمش 177
83. مهروس الخضروات الجذرية 179
84. شمام بطيخ ومانجو بيوريه طعام الأطفال 181
85. بوريه الجزر والمانجو 183
86. مهروس السويدي والبطاطا الحلوة 185
87. بوريه البطاطا الحلوة والسبانخ والفاصوليا الخضراء 187
88. بيوريه سمك أبيض وصوص 189
89. بوريه الموز والأفوكادو 191
90. بيوريه المانجو والتوت الأزرق 193
91. هريس البطاطا الحلوة والبطيخ 195
92. بيوريه القرع بالكريمة بالجوز 197
93. هريس القرنبيط والبطاطا الحلوة 199

201	94. بقايا الديك الرومي والبطاطا المهروسة ....
203	95. بيوريه القد والأرز ....
205	96. مهروس العدس الأحمر ....
207	97. بازيلاء خضراء مع نعناع بيوريه ....
209	98. هريس البطاطا الحلوة والبيضاء ....
211	99. مهروس الاسكواش والكمثرى ....
213	100. مهروس "POPEYE" ....
215	الخلاصة ....

المقدمة

إنها خطوة أولى مثيرة عندما يبدأ طفلك الصغير في التحرك نحو الانضمام إلى عالم الأكل الفاخر والأذواق الغريبة. في يوم من الأيام ، ستستمتع حزمة الفرح الخاصة بك بالبيتزا مع الأصدقاء بعد المدرسة ، وأرجل السلطعون والمقبلات في مطعمهم المفضل ، والنبيذ الفاخر مع شخص آخر مهم. لكن أولاً ، عليهم التغلب على أساسيات أغذية الأطفال - وأنت أيضًا!

إن انتقال طفلك من نظام غذائي سائل من حليب الأم أو الحليب الاصطناعي إلى أطعمة أكثر صلابة تدريجيًا ليس دائمًا بالبساطة التي قد يبدو عليها. تجد العديد من الأمهات أن إطعام الطفل من أكثر المهام المرهقة والمرهقة في السنة الأولى. ومع ذلك ، مع هذا الدليل السهل المتابعة في متناول يدك ، يمكنك تعليم طفلك أن يأكل بثقة ومهارة. مع المعرفة الصحيحة في متناول اليد ، ستقلل من الصداع وتضمن أن يطور طفلك مهاراته في تناول الطعام بسرعة وكفاءة ومتعة قدر الإمكان.

بقوليات

1. حبوب الأرز

مكونات
- نصف كوب أرز بودرة
- 1 كوب ماء

الاتجاهات

a) اجلب الماء ليغلي.
b) أثناء التحريك ، أضيفي مسحوق الأرز.
c) يُترك على نار خفيفة لمدة 10 دقائق مع التحريك المستمر.

2. دقيق الشوفان من الحبوب

مكونات

- كوب شوفان مطحون مقطع صلب
- نصف كوب إلى 1 كوب ماء

الاتجاهات

a) اجلب الماء ليغلي.
b) مع التحريك ، أضيفي الشوفان المطحون.
c) يُترك على نار خفيفة لمدة 1520 دقيقة مع التحريك المتكرر.
d) نصيحة: على الرغم من أن الشوفان المقطّع بالفولاذ يستغرق وقتًا أطول في الطهي ، إلا أنه يحتفظ بالعناصر الغذائية أكثر من الشوفان الفوري أو سريع الطهي.

3. حبوب الشعير

مكونات
- كوب شعير مطحون
- 1 كوب ماء

الاتجاهات

a) جلب الماء ليغلي.
b) مع التحريك نضيف الشعير.
c) ينضج لمدة 10 دقائق مع التحريك باستمرار.

4. عصيدة الأرز بالفواكه

مكونات

- نصف كوب أرز
- نصف كوب صلصة تفاح
- نصف كوب عصير عنب أبيض

الاتجاهات

a) في قدر متوسط الحجم ، اخلطي عصيدة الأرز وعصير العنب الأبيض
b) تسخين ببطء ، مع التحريك باستمرار ؛ لا تسمح للغليان
c) قلب في عصير التفاح

5. وعاء أرز بالموز

مكونات
- نصف كوب أرز
- 1 موزة ناضجة

الاتجاهات

a) اهرسي الموز بالشوكة
b) اهرسي حبوب الأرز مع الموز
c) اخلط حتى تحصل على تناسق متجانس وسلس

6. أرز شهي ولذيذ

الحصص: 8-6

مكونات

- 40 جرام بصل مفروم
- 100 جرام أرز بسمتي
- 450 مل من الماء المغلي
- 140 جرام قرع الجوز
- 50 غ من الجبن الصلب مثل الشيدر أو مونتيري جاك
- 23 طماطم مفرومة
- زيت نباتي للطبخ

الاتجاهات

a) يقلى البصل في القليل من الزيت حتى يصبح طرياً. يُضاف الأرز البسمتي ويُسكب على الماء المغلي. يُغطّى ويُترك على نار خفيفة لمدة 8 دقائق.

b) يُمزج القرع ويُغطّى ويُطهى لمدة 12 دقيقة أخرى على نار خفيفة مع التحريك حتى يتم امتصاص الماء. أثناء الطهي ، اقلي الطماطم المفرومة لمدة دقيقتين ، وحركي الجبن ثم اخلطي المزيجين تقريبًا باستخدام شوكة قبل التقديم.

7. عصيدة الأطفال

الحصص: 2-3

مكونات
- 1 تفاحة مقشرة ومنزوعة البذور
- 1 موزة مقشرة
- 6 ملاعق كبيرة حليب أطفال أو حليب بقري
- 1 ملعقة كبيرة شوفان

الاتجاهات

a) نقطع التفاح والموز إلى 4 قطع. بعد ذلك ، ضعي التفاح في قدر مع قليل من الماء المغلي واسلقيه لمدة 5 دقائق حتى يصبح طريًا. استنزاف والسماح لتبرد. بمجرد أن تبرد ، ضعي التفاح والموز في دورق واهرسيه حتى يصبح قوامه ناعمًا باستخدام المعالج اليدوي.

b) في هذه الأثناء ، ضعي الحليب والشوفان في مقلاة ودفئهما برفق حتى يغليان ويتكاثفان. اتركيه ليبرد ، ثم استخدمي المعالج اليدوي للمزج مع التفاح والموز.

8. بيرشر موسلي

الحصص: 3-4

مكونات
- 2 ملاعق كبيرة شوفان
- 3 ملاعق كبيرة حليب بقري كامل الدسم
- 3 ملاعق كبيرة ماء
- 1 ملعقة كبيرة زبادي
- 100 جرام فواكه مجففة
- 1 حبة كمثرى صغيرة

الاتجاهات

a) تخلط جميع المكونات مع بعضها ، ما عدا الكمثرى ، وتغطى وتبرد طوال الليل. قبل التقديم ، ابشري الكمثرى وقلبي مع خليط الشوفان.

b) قدميها باردة في الصيف ، أو سخنيها برفق لتناول فطور شتوي دافئ.

الفاكهة

9. هريس المشمش

مكونات
- 1 كوب مشمش مفروم
- 1 كوب عصير تفاح أو عصير عنب أبيض أو ماء

الاتجاهات

a) في قدر صغير - متوسط ، احضر الفاكهة والسائل حتى يغلي.
b) ينضج لمدة 810 دقيقة
c) صفي الخليط في الخلاط. حفظ السائل المتبقي.
d) استخدم الخلاط لهرس الخليط. أضف السائل المتبقي حتى تحصل على القوام المطلوب.

10. عصير تفاح مشكل

مكونات

- 1 كوب قطع تفاح مقشرة
- نصف كوب فاكهة من اختيارك
- 2/1 1 كوب ماء

الاتجاهات

a) أضف الفاكهة والماء إلى قدر متوسطة الحجم.
b) اغلي حتى تنضج الثمرة.
c) استنزاف وحفظ السائل المتبقي.
d) يُهرس خليط الفاكهة باستخدام شوكة أو هراسة بطاطس.
e) ضع الخليط في الخلاط أو معالج الطعام وهرس.
f) أضف السائل المتبقي حتى تحصل على القوام المطلوب.

11. هريس الموز والأفوكادو

مكونات
- 1 موزة ناضجة
- 1 ثمرة أفوكادو ناضجة

الاتجاهات

a) قشر الموز وأضفه إلى وعاء.
b) قشر الأفوكادو وأزل البذور وقطّعها إلى قطع صغيرة. أضفه إلى الوعاء.
c) اهرسي الموز والأفوكادو مع شوكة حتى الوصول إلى القوام المطلوب.

12. مكعبات مانجو

مكونات
- 1 مانجو ناضجة

الاتجاهات

a) قشر المانجو وإزالة البذور
b) قطّعي الفاكهة إلى قطع صغيرة الحجم
c) تجميد

13. سموثي خوخ

مكونات
- 1 خوخ ناضج
- 2 ملاعق كبيرة حليب الثدي أو الصيغة

الاتجاهات

a) قم بتبخير الخوخ حتى يصبح طريًا
b) إزالة الجلد والحفرة
c) عندما تبرد ، اهرس الفاكهة في الخلاط أو معالج الطعام
d) أضيفي لبن الثدي أو اللبن الصناعي حتى يتحقق القوام المطلوب

14. أبل و بلاك بيري كذبة

الحصص: 3-4

مكونات
- تفاحة واحدة (حوالي 100 جرام) مقشرة ومنزوعة البذور ومفرومة
- 50 جرام من التوت الأسود
- 150 جرام زبادي كامل الدسم

الاتجاهات

a) يُطهى التفاح المفروم مع التوت الأسود المغسول لمدة 5 دقائق. اهرس مع القليل من الماء باستخدام معالج اليد.

b) يترك ليبرد ويخلط مع اللبن قبل التقديم.

15. كومبوت الخوخ والكرز

الحصص: 1-2 ملاعق صغيرة

مكونات

- 250 مل ماء
- 60 جرام مشمش مجفف مفروم
- 25 جرام سكر بني فاتح
- 2/1 ملعقة صغيرة قشر ليمون مفروم
- رشة قرفة
- 60 جرام برقوق منزوع النوى ، نصفين
- 30 جرام كرز مجفف
- نصف ملاعق صغيرة من خلاصة الفانيليا

الاتجاهات

a) في مقلاة كبيرة ثقيلة القاع ، سخني الماء واتركي المشمش والسكر البني وقشر الليمون والقرفة ليغليان على نار عالية. خففي الحرارة واتركيها على نار هادئة بدون غطاء لمدة 5 دقائق. يُسكب المزيج في وعاء كبير ؛ يُضاف البرقوق والكرز المجفف والفانيليا.

b) اخلطيها بمعالج يدوي وقدميها في درجة حرارة الغرفة.

16. فطيرة لحم بالفواكه

يجعل تقريبا. 300 غرام

مكونات
- 150 جرام لحم بقري مفروم ،
- 50 جرام بصل مقطع إلى أرباع
- 30 جرام زبيب
- 1 تفاحة مطبوخة مقشرة ومنزوعة البذور ومقطعة إلى مكعبات
- 1 ملعقة كبيرة بوريه طماطم
- 2 ملاعق كبيرة من مرق لحم بقري محلي الصنع (أو غير مضاف ملح)
- 100 جرام بطاطس مطبوخة ومهروسة
- 150 مل ماء مغلي

الاتجاهات

a) يسخن الفرن إلى 180 درجة مئوية. اخلطي اللحم البقري والبصل والزبيب والتفاح معًا في طبق فرن. باستخدام المعالج اليدوي ، اخلطي بيوريه الطماطم مع المرق وأضيفيها إلى مزيج اللحم البقري.

b) غطي المزيج واطهيه لمدة 30 دقيقة. تُسكب البطاطس المهروسة فوق مزيج اللحم.

خضروات

17. خضار مشكلة

مكونات
- نصف كوب جزر مقطع
- $\frac{1}{2}$ كوب من الجزر الأبيض المفروم والمقشر
- نصف كوب بازلاء مجمدة

الاتجاهات

a) اطبخ الجزر والبازلاء والجزر الأبيض على البخار حتى يصبح طريًا
b) بالوعَة
c) اهرسها في الخلاط أو معالج الطعام ، مع إضافة المزيد من الماء حتى يتحقق الاتساق المطلوب

18. عشاء نباتي

مكونات
- نصف كوب فاصوليا خضراء مجمدة
- 1 حبة بطاطس مقشرة ومقطعة مكعبات
- نصف كوب كوسة
- نصف كوب جزر مقطع

الاتجاهات

a) أضف جميع الخضروات إلى قدر متوسط الحجم ؛ قم بتغطيتها بالماء حتى بوصة فوق سطح الخضار.

b) تغلي حتى تصبح طرية

c) يُهرس بالشوكة أو المهروس في الخلاط أو معالج الطعام

19. اسکواش میکس

مكونات
- ربع كوب كوسة مفرومة
- ربع كوب كوسة صيفي مفروم
- كوب بطاطا حلوة مقشرة ومفرومة
- 1 ملعقة كبيرة بصل مقطع

الاتجاهات

a) ضع الخضار في قدر متوسطة الحجم. غطيها بالماء حتى بوصة فوق الخضار
b) ينضج حتى ينضج
c) يُهرس أو يُهرس حتى يصل المزيج إلى القوام المطلوب

20. بطاطا حلوة بيري

مكونات
- 1 بطاطا حلوة مقشرة ومقطعة إلى مكعبات
- كوب توت مشكل مجمدة مذابة

الاتجاهات

a) اطهي مكعبات البطاطا الحلوة على البخار حتى تصبح طرية
b) يُصفّى ويُضاف إلى محضر الطعام أو الخلاط
c) أضف التوت المذاب
d) اهرس القوام المطلوب

21. هريس القرنبيط

مكونات
- 1 كوب قرنبيط مفروم
- 1 كوب بازلاء مجمدة
- 1 كوب من لحم القرع المخبوز

الاتجاهات

a) بخار البازلاء المجمدة والقرنبيط المفروم حتى تصبح طرية
b) أضف البازلاء والقرنبيط والقرع إلى محضر الطعام أو الخلاط
c) اهرس القوام المطلوب

22. باستا الكوسة

الحصص: 2-3

مكونات
- 50 جرام معكرونة صغيرة مطبوخة
- 1 حبة متوسطة الحجم من الكوسة ، مقطعة إلى شرائح
- 1 ملعقة صغيرة من الثوم المعمر
- دفقة من زيت الزيتون أو الخضار
- 25 جرام جبن مبشور

الاتجاهات

a) اطهي الكوسة على البخار لمدة 3 دقائق (حتى تصبح طرية). أضيفي القليل من الزيت وامزجي حتى يصبح قوامه كثيفًا باستخدام معالج اليد ، ثم قلبي الثوم المعمر في المزيج.

b) تُسكب الكوسا فوق المعكرونة الدافئة. أضف القليل من الجبن المبشور إذا أردت.

23. طماطم وبطاطس مع زعتر

الحصص: 6

مكونات
- 125 جرام بطاطس مقشرة ومفرومة
- 100 غرام قرنبيط في زهيرات صغيرة
- 30 جرام زبدة
- 200 جرام طماطم معلبة
- رشة زعتر
- 35 جرام جبن جلوستر مزدوج مبشور

الاتجاهات

a) ضعي البطاطس في قدر من الماء المغلي ، خففي النار واتركيها على نار هادئة لمدة 7 دقائق ، ثم أضيفي زهيرات القرنبيط واتركيها على نار هادئة حتى تنضج جميع الخضار. صفيها ثم أضيفي الطماطم والمكونات الأخرى.

b) امزجيها للحصول على تناسق مركب باستخدام معالج اليد.

24. خضروات مدهونة

الحصص: 2-3

مكونات
- 1 جزرة صغيرة مقشرة ومفرومة
- 1 كوسة صغيرة مفرومة
- 2 زهرة بروكلي
- 2 ملاعق كبيرة حليب كامل الدسم
- 1 ملعقة كبيرة أرز أطفال

الاتجاهات

a) اطهي الخضار بالبخار حتى تصبح طرية ، وسيستغرق ذلك 6 دقائق. في هذه الأثناء ، سخني الحليب وصنعي أرز الأطفال وفقًا لتعليمات الشركة الصانعة. صفي الخضار واتركيه ليبرد قليلاً.

b) الآن ، ضعي الخضار في دورق ، ثم أضيفي أرز الأطفال وهرس باستخدام محضر اليد للحصول على قوام سلس.

25. أكلة الموز

الحصص: 10

مكونات
- 225 جرام أرز ريزوتو
- 50 جرام سمن
- 50 جرام بصل مقطع ومقطع إلى أرباع
- 30 جرام طحين
- 550 مل حليب
- 30 جرام جبن بارميزان
- 450 جرام موز غير ناضج

الاتجاهات

a) يُطهى الأرز في الماء المغلي حتى ينضج (حوالي 15 دقيقة). في هذه الأثناء ، يقطع البصل ويقلى برفق حتى يصبح طريًا في القليل من السمن. يقلب البصل المطبوخ مع الأرز المطبوخ.

b) في قدر منفصل ، ذوبي المارجرين المتبقي وقلبي مع الدقيق. أضف الحليب ببطء مع التحريك باستمرار.

c) يُغلى المزيج ويُترك على نار خفيفة لمدة دقيقة واحدة. نضيف الجبن ويقلب حتى يذوب. قشر وقطع الموز واخلطه مع خليط الأرز.

d) امزج جميع المكونات معًا لفترة وجيزة باستخدام معالج اليد.

26. أكلة الكوسة بالجبن

الحصص: 4-3

مكونات

- 2 ملاعق كبيرة زيت زيتون
- 50 جرام أرز ريزوتو
- 100 مل ماء ساخن أو مرق خضروات غير مملح
- 80 جرام كوسة مقطعة إلى قطع
- 20 جرام جبنة قاسية مفرومة ناعماً

الاتجاهات

a) نضيف الأرز إلى الزيت في مقلاة ونقلب لتغطي الحبوب. غطي الأرز بالماء الساخن وحركي واتركيه على نار هادئة لمدة 12 دقيقة ، مع إضافة المزيد من الماء / المرقة إذا لزم الأمر. بعد ذلك ، أضيفي الكوسة وقلبي جيداً.

b) طهي لمدة 5 دقائق أخرى. عندما يصبح الأرز طريًا جدًا ، أضيفي الجبن وقلبي. اهرسها بمعالجك اليدوي.

27. طفل راتاتوي

الحصص: 4

مكونات
- 1 ملعقة صغيرة زيت زيتون
- 40 جم بصل مقطع إلى أرباع ومفروم ناعماً
- 40 جرام كوسة مقطعة مكعبات
- 1 حبة صغيرة من الفلفل الأحمر ، منزوعة البذور ومقطعة إلى مكعبات
- 4 حبات طماطم ، منزوعة القشر ومزروعة البذور (أو نصف علبة طماطم مفرومة)

الاتجاهات

a) سخني الزيت في مقلاة واقلي البصل حتى يلين ، ثم أضيفي الخضار الأخرى. يقلب مرة واحدة ثم يغطى ويقلل الحرارة.

b) اتركيها تنضج حتى تصبح الخضار طرية. اتركيه ليبرد قليلًا ثم اتركيه في المقلاة باستخدام معالج اليد. قدميها مع بوريه البطاطس.

28. طفل جولاش

الحصص: 4-3

مكونات

1. 50 جرام لحم مفروم
2. 68 فطر مقطع
3. 150 مل فرايز سادة
4. 1 ملعقة كبيرة كاتشب

الاتجاهات

a) يُحمّر اللحم المفروم في مقلاة كبيرة ويُسكب أي دهون زائدة. امزج جميع المكونات الأخرى في نفس المقلاة مع التحريك كما تذهب.
b) ينضج لمدة 15 دقيقة ثم يترك ليبرد. اهرسها في المقلاة باستخدام معالج اليد.
c) تقدم مع البطاطا المهروسة السميكة.

29. جبن القرنبيط

الحصص: 4-3

مكونات

- 200 جرام قرنبيط مغسول
- 20 جرام زبدة
- 2 ملاعق صغيرة من الدقيق العادي
- 200 مل) الحليب
- 40 جرام جبن متوسط الصلابة مبشور مثل الشيدر أو الغروييير أو الجودة

الاتجاهات

a) قسّم القرنبيط إلى زهيرات صغيرة واتركه على البخار لمدة 10 و 12 دقيقة. في هذه الأثناء ، حضري الصلصة عن طريق إذابة الزبدة في مقلاة صغيرة ، مع التقليب في الدقيق لعمل عجينة ناعمة ، مع إضافة الحليب والتقليب حتى يتكاثف. يُرفع القدر عن النار ويُضاف إليه الجبن المبشور.

b) أضيفي القرنبيط وهرس في المقلاة باستخدام معالج اليد.

30. بوريه جزر ، قرنبيط ، سبانخ و جبن

الحصص: 3-2

مكونات

- 1 جزرة كبيرة مقشرة ومقطعة إلى قطع كبيرة
- 50 جرام قرنبيط (مقطع إلى أجزاء صغيرة)
- 3/1 طماطم مقطعة قصدير
- 30 جرام جبن صلب مبشور مثل البارميزان
- 50 جرام من أوراق السبانخ الصغيرة

الاتجاهات

a) اطهي الجزر والقرنبيط على البخار حتى يصبح طريًا. اضبط على جانب واحد ليبرد قليلاً. في هذه الأثناء ، سخني الطماطم المعلبة في مقلاة أخرى وعندما تسخن تمامًا ، قلبي الجبن.

b) بمجرد ذوبان الجبن ، أضيفي السبانخ واطهيها مع التحريك حتى تذبل.

31. جبن وخضروات

الحصص: 68 | يجعل تقريبا. 450 جرام | وقت الطهي: 20 دقيقة

مكونات

- 250 جرام بطاطس مقشرة ومقطعة إلى مكعبات صغيرة
- 50 جرام بطاطا حلوة مقشرة ومفرومة
- 25 جرام زبدة غير مملحة
- $\frac{1}{2}$ كراث صغير مفروم ناعماً
- 1 ملعقة كبيرة طحين
- 100 مل حليب
- 50 جرام جبن مبشور

الاتجاهات

a) غطي البطاطس والبطاطا الحلوة بالماء المغلي في مقلاة واتركيها على نار هادئة حتى تنضج (حوالي 1015 دقيقة). أخرجي نصف حبة البطاطس واتركيها جانبًا ، ثم اهرسي البطاطس المتبقية وماء الطهي في المقلاة باستخدام معالج اليد.

b) تذوب الزبدة في قدر ويقلى الكراث حتى ينضج.

c) قلبي الدقيق ثم أضيفي الحليب ببطء مع التحريك طوال الوقت. قلبي الخضار المهروسة ،

d) مكعبات البطاطا المطبوخة والجبن في الصلصة وقدميها عندما تبرد بما يكفي لتناولها.

32. سلطة البطاطا والأفوكادو

الحصص: 6-5

مكونات

- 1 حبة بطاطس كبيرة مقشرة ومقطعة إلى مكعبات صغيرة
- حبة أفوكادو مقشرة ومزالة الحجر
- 1 ملعقة كبيرة زبادي يوناني

الاتجاهات

a) اسلقي البطاطس حتى تصبح طرية (حوالي 10 - 15 دقيقة). اخلطي الأفوكادو باستخدام معالج اليد وقلبي الزبادي. أضيفي البطاطس المطبوخة إلى الأفوكادو واللبن وهي لا تزال دافئة.

b) قدميها دافئة أو ضعيها في الثلاجة وقدميها باردة.

33. كسكس التفاح

الحصص: 4

مكونات
- 100 جرام كسكس منقوع في عصير تفاح دافئ لمدة 5 دقائق
- 2 ملاعق كبيرة زبادي طبيعي
- 50 جرام تفاح مطبوخ

الاتجاهات

a) امزج جميع المكونات معًا في الدورق واخلطها لمدة 5 - 10 ثوانٍ باستخدام معالج اليد.

34. أشكال باستا الجوز

الحصص: 4

مكونات
- 100 جرام مكرونة بأشكال صغيرة
- 100 جرام قرع مطبوخ
- عصير تفاح غير محلى

الاتجاهات

a) اطهي المعكرونة لمدة 10 - 15 دقيقة. أثناء طهي المعكرونة ، امزج القرع مع القليل من عصير التفاح لعمل صلصة.

b) صوص دافئ ونسكب فوق المعكرونة المطبوخة للتقديم.

35. سلطة الفواكه الشتوية

الحصص: 8

مكونات

- 500 جرام فواكه مجففة (برقوق ، كمثرى ، مشمش ، تين)
- 600 مل ماء
- قطرتان من خلاصة الفانيليا
- 1 ملعقة كبيرة عصير ليمون طازج
- الزبادي للتقديم

الاتجاهات

a) ضعي الفاكهة والماء في قدر كبير. أضف خلاصة الفانيليا. يُغلى المزيج ثم يُحرّك جيدًا ، وتُخفّف الحرارة ويُترك على نار خفيفة لمدة 10 دقائق حتى يصبح شرابًا. ارفعي المقلاة عن النار ، ثم عندما تبرد قليلاً ، اسكبي الفواكه والسائل في وعاء واعصري القليل من عصير الليمون. اهرسيها برفق باستخدام معالج اليد. يمكن تقديمه ساخناً أو مبرداً ، مع

b) طبقة من الزبادي في الأعلى.

c) سيحب أفراد الأسرة الآخرون سلطة الفاكهة الشتوية الدافئة. قد ترغب في التحلية قليلًا بقليل من العسل أو السكر البني ، وتجاهل مرحلة الهرس.

36. مكرونة بصلصة الطماطم بالجبنة

الحصص: 2

مكونات
- 1 ملعقة صغيرة زيت زيتون
- 50 جرام بصل مقطع ناعماً
- 80 جرام جزر مقشر ومقطع إلى قطع صغيرة وناعمة
- 1 ورقة غار
- 150 جرام طماطم مفرومة
- 2 ملعقة صغيرة جبن شيدر مبشور أو جبن بارميزان
- 1 ملعقة كبيرة باستا صغيرة الأشكال

الاتجاهات

a) سخني الزيت في مقلاة صغيرة. يُقلى البصل والجزر قليلاً حتى يصبح طرياً ، ثم يوضع نصف الخليط جانباً. إلى الباقي ، أضف ورق الغار والطماطم المفرومة.

b) غطيه واتركيه على نار هادئة لمدة 10 دقائق مع التحريك من حين لآخر. يرفع عن النار ويضاف الجبن ويقلب. اطبخي المعكرونة وصفيها.

c) تُرفع أوراق الغار من الصلصة ، ثم تُهرس باستخدام المعالج اليدوي. أضيفي المعكرونة المصفاة والخضروات التي وضعتها جانبًا في وقت سابق واخلطيها وقدميها.

37. باستا الصويا ، الكوسة والطماطم

الحصص: 3

مكونات
- 1 ملعقة صغيرة زيت نباتي
- 40 جرام بصل مقطع إلى أرباع ومفرومة ناعماً
- 40 جرام كوسة مقطعة إلى قطع
- 50 جرام صويا مفروم
- 200 جرام طماطم مفرومة معلبة
- 1 ملعقة كبيرة عصير تفاح طازج غير محلى
- أوراق الريحان الطازجة المفرومة
- 35 جرام معكرونة مجففة

الاتجاهات

a) ضعي الزيت النباتي في مقلاة على نار معتدلة ، أضيفي البصل واطبخي حتى يلين. تُضاف الكوسة وتُطهى حتى تصبح طرية. يقلب مع فول الصويا المفروم ويستمر في الطهي حتى تصبح الأنابيب ساخنة ومتجانسة. تضاف الطماطم وتترك على نار هادئة لمدة 5 دقائق. يُضاف عصير التفاح والريحان الطازج ويُطهى لمدة 5 دقائق أخرى حتى تتكاثف الصلصة.

b) في غضون ذلك ، قم بطهي المعكرونة. عندما تصبح الصلصة جاهزة ، اتركها حتى تبرد قليلاً ، ثم اخلطها في المقلاة باستخدام معالج اليد لتحصل على صلصة طماطم ناعمة.

c) أضيفي المعكرونة المطبوخة واخلطيها حتى يصبح قوامها سهل الهضم.

38. كورجيت باتيه

الحصص: 4

مكونات
- 2 حبة كوسة متوسطة ، مقطعة إلى قطع
- 75 جرام جبنة كريمية
- رشة صغيرة من البابريكا
- رشة صغيرة من الشبت الطازج

الاتجاهات

a) اطهي الكوسة على البخار حتى تصبح طرية (6 8 دقائق) ، ثم اهرسها في دورق باستخدام معالج اليد واتركها لتبرد.

b) يُمزج الجبن الكريمي مع إضافة الأعشاب ثم يُقدّم. تقدم مع قطع توست.

39. أكلة الذرة الحلوة

الحصص: 4

مكونات
- 1 بصلة متوسطة مفرومة
- حفنة من الذرة الحلوة المجمدة
- 125 جرام أرز
- 50 جرام جبنة بارميزان مفرومة ومبشورة ناعماً
- 500 مل مرق خضار أو دجاج خالي من الملح
- 1 ملعقة كبيرة زيت نباتي

الاتجاهات

a) يُطري البصل بالزيت ، يُضاف الأرز ويُسخن لمدة دقيقتين ، حتى يُغطى الأرز جيدًا بالزيت.

b) يُسكب المزيج ببطء لمدة 15 دقيقة مع التحريك بانتظام ، حتى يصبح الأرز طريًا ولزجًا. في 7 دقائق ، تضاف الذرة الحلوة.

c) عندما ينضج الأرز والذرة الحلوة جيدًا ، يُضاف جبن البارميزان ويُقلب جيدًا.

40. معكرونة الزبادي والجبن القريش

الحصص: 4

مكونات
- 120 جرام نودلز
- 100 مل زبادي سادة
- 100 جرام جبن قريش
- 60 جرام بصل أخضر مفروم
- 2/1 فص ثوم مفروم
- 2 ملاعق صغيرة من الأوريجانو الطازج المفروم
- 1 ملعقة كبيرة زبدة

الاتجاهات

a) تُطهى النودلز وفقًا لتعليمات الشركة الصانعة ثم تُصفّى وتترك جانبًا واحدًا.

b) بعد ذلك ، اخلطي المكونات الأخرى ماعدا الزبدة وهرس باستخدام معالج اليد. سخني المزيج برفق ، ثم قلبي الزبدة في النودلز ، وقلبي النودلز بخليط الزبادي وقدميها.

41. مكرونة مع كوسة

الحصص: 6

مكونات
- حفنة من الصنوبر
- 250 جرام تورتيليني محشي
- 50 جرام زبدة
- 160 جرام كوسة مقطعة إلى قطع
- 1 فص ثوم مفروم
- عصير الليمون
- 23 ورقة ريحان

الاتجاهات

a) نحمص حبات الصنوبر في مقلاة جافة على نار خفيفة حتى يصبح لونها بني فاتح - احترس ، فهي تحترق بسهولة! ثم سحق الصنوبر ناعما باستخدام مدقة وهاون.

b) قم بطهي التورتيليني وفقًا لتعليمات الشركة الصانعة ، ثم صفيها. تُقلى الكوسة والثوم في الزبدة لمدة دقيقتين تقريبًا حتى تصبح طرية بما يكفي ليأكلها طفلك ، ثم تُضاف القليل من الليمون. أضيفي التورتيليني المطبوخ وقلبي جيداً.

اللحوم / الأسماك

42. هريس لحم البقر الأساسي

مكونات
- 1 كوب لحم بقري مطبوخ إلى مكعبات
- نصف كوب ماء

الاتجاهات

a) أضف اللحم البقري إلى معالج الطعام أو الخلاط واصنع هريسًا جيدًا
b) استمر في الهرس حتى يتحقق الاتساق المطلوب

43. هريس الدجاج الأساسي

مكونات
- 1 كوب صدر دجاج مطبوخ مكعبات
- نصف كوب مرق دجاج قليل الصوديوم

الاتجاهات

a) أضف اللحم البقري إلى معالج الطعام أو الخلاط واصنع هريسًا جيدًا
b) استمر في الهرس مع إضافة المرق حتى يتحقق الاتساق المطلوب

44. هريس السمك الأساسي

مكونات
- 1 كوب سمك أبيض مطبوخ منزوع العظم
- نصف كوب ماء

الاتجاهات

a) أضف السمك إلى معالج الطعام أو الخلاط

b) اهرسها حتى الوصول إلى القوام المطلوب ، أضف الماء حسب الحاجة

45. عجة صغيرة

مكونات
- 1 صفار بيض
- نصف كوب حليب
- ربع كوب جبن شيدر مبشور
- نصف كوب جزر مهروس

الاتجاهات
a) تُمزج المكونات في وعاء
b) يقلب جيدا
c) أضف إلى المقلاة
d) تدافع حتى تختفي السوائل

46. طاجن دجاج بالكريمة

مكونات

- 1 صدر دجاج مقطع
- 1 بطاطا مقشرة ومفرومة
- نصف كوب جزر مقطع
- ربع كوب كوسة صيفي مفروم
- نصف كوب زبادي

الاتجاهات

a) يُمزج الدجاج والخضروات والتوابل في قدر
b) وتغطي مع الماء وتقديمهم ليغلي.
c) خففي الحرارة وغطّي واتركي المزيج على نار خفيفة لمدة 3045 دقيقة أو حتى ينضج الدجاج تمامًا ويصبح الخضار طريًا
d) لتهدأ
e) يُضاف الدجاج والخضروات إلى محضر الطعام أو الخلاط ويهرس بالقوام المطلوب ، ويُضاف السائل المتبقي حسب الحاجة
f) أضف الزبادي ، واستمر في هرسها إلى القوام المطلوب

47. عشاء السمك

الحصص: 2

مكونات

- 25 جرام سمك أبيض مطبوخ (فيليه)
- 1 ملعقة كبيرة جزر مطبوخ
- 1 ملعقة كبيرة بطاطس مسلوقة
- 1 ملاعق كبيرة حليب
- قطعة صغيرة من الزبدة

الاتجاهات

a) يُقطّع الجزر والبطاطس ويُضاف إلى قدر من الماء المغلي. غطيه واتركيه على نار هادئة. بعد 7 دقائق ، اسلقي السمك في القليل من الحليب أو الماء حتى ينضج.

b) تُرفع جميع المكونات عن النار ، وتُصفّى وتُترك لتبرد. أضيفي جميع المكونات إلى المقلاة واهريسيها بالمحضر اليدوي.

48. عشاء الكبد

الحصص: 5-4

مكونات

- 25 جرام كبد خروف
- 1 ملعقة كبيرة سبانخ أو ملفوف مطبوخ
- 1 ملعقة كبيرة بطاطس مسلوقة
- 3 ملاعق كبيرة مرق

الاتجاهات

a) تُقلى في القليل من الزيت لمدة 10 دقائق ، أو حتى تنضج تمامًا. في هذه الأثناء ، ضعي البطاطس في قدر من الماء المغلي واتركيها على النار لمدة 7 دقائق. أضيفي الكرنب واطهيه لمدة 6 دقائق أخرى.

b) صفي الخضار ، ثم ضعي جميع المكونات في وعاء واخلطيها حتى تصبح ناعمة باستخدام المعالج اليدوي ، مع إضافة المرق أو المرقة لتليين الخليط حسب الحاجة.

49. وجبة دجاج وموز سهلة

الحصص: 6

مكونات
- 1 صدر دجاج منزوع العظم والجلد (100 جم تقريبًا)
- 1 حبة موز صغيرة ناضجة
- 100 مل حليب جوز الهند

الاتجاهات

a) يُسخن الفرن على حرارة 180 درجة مئوية. نقطع صدور الدجاج إلى نصفين بطولها ونحشى بالموز. ضعيها في طبق خبز صغير وضعيها بحليب جوز الهند.

b) تُخبز في درجة حرارة 180 درجة مئوية لمدة 40 دقيقة ، أو حتى ينضج الدجاج تمامًا.

c) اتركيها تبرد ثم قطّعيها إلى قطع وهرسها باستخدام معالج اليد.

50. لحم ضأن مع شعير لؤلؤي

الحصص: 4-3

مكونات

- 60 جرام لحم ضأن مفروم قليل الدهن
- 50 غ من الشعير اللؤلؤي
- 1 ملعقة كبيرة. معجون الطماطم
- فص ثوم
- 40 جم بصل مقطع إلى أرباع
- 80 جرام جزر ، مقطعة إلى قطع

الاتجاهات

a) سخني الزيت في مقلاة ، ثم أضيفي الخضار المفرومة واقليها لمدة 5 دقائق قبل إضافة اللحم المفروم. اقلي المزيج لمدة 5 دقائق أخرى حتى ينضج لحم الضأن ، ثم أضيفي الشعير اللؤلؤي وبيوريه الطماطم. يُغطى بالماء ويُحرَّك ويُترك على نار خفيفة لمدة 45 دقيقة مع التحريك من حين لآخر.

b) عند الطهي ، اتركيه ليبرد قليلًا ثم اهرس القوام المطلوب باستخدام المعالج اليدوي.

51. دجاج بالمشمش

الحصص: 3-2

مكونات

- 1 صدر دجاج صغير مقطع إلى مكعبات (70 جم تقريبًا)
- 4 حبات مشمش مجفف
- 1 كراث
- 2/1 عود قرفة

الاتجاهات

a) يقطع الكراث. يقلب مع المشمش ومكعبات الدجاج في اندفاعة من زيت الزيتون. يغطى بالماء ويضاف عود القرفة. يُطهى المزيج على نار خفيفة لمدة 20 دقيقة حتى يصبح المشمش طريًا ويصبح الصوص شرابًا. تجاهل القرفة.
b) اخلطها في المقلاة باستخدام المعالج اليدوي حتى تحصل على قوام مطاطي.
c) تقدم مع البطاطا المهروسة.

52. طاجن دجاج مالح

الحصص: 6-4

مكونات

- 1 بصلة صغيرة
- 1 صدر دجاج منزوع الجلد ومقطع مكعبات (حوالي 100 جرام)
- 1 ملعقة حلوى زيت زيتون
- 1 جزرة مقشرة ومقطعة مكعبات
- 1 ورقة غار
- 2 فطر ، ممسوح ومقطع ناعماً
- 140 مل ماء
- 50 جرام بيتيت بويس مجمدة مذابة

الاتجاهات

a) يقطع البصل ثم يقلى برفق مع الدجاج حتى ينضج الدجاج من جميع الجوانب. أضف الخضار وورق الغار والماء. غطيه واتركيه على نار هادئة لمدة 1520 دقيقة قبل إضافة البازلاء. يُطهى لمدة 5 دقائق أخرى حتى يتم تسخين البازلاء.

b) قم بإزالة ورق الغار واخلطه مع المعالج اليدوي للحصول على تناسق مناسب لطفلك. تقدم مع البطاطا المهروسة أو قطع المعكرونة.

53. تونة تغموس

الحصص: 6

مكونات
- 30 جرام من فرايز سادة
- 100 جرام تونة معلبة بزيت دوار الشمس
- 2 طماطم مجففة
- 20 جرام كريم سميك طازج
-

الاتجاهات

a) صفي التونة واخلطيها مع الطماطم المجففة والمفرومة باستخدام الخلاط اليدوي.
b) أضيفي القشطة الطازجة وضعيها في الثلاجة لمدة ساعة قبل التقديم.
c) قدميها مع قطع التوست أو كعك الأرز.

54. بيوريه الدجاج والكمثرى

الحصص: 4-3

مكونات

- 1 صدر دجاج منزوع الجلد ، مقطع إلى مكعبات
- 1 حبة إجاص ، منزوعة البذور ومقطعة إلى مكعبات
- 1 بطاطا حلوة متوسطة الحجم مقشرة ومقطعة إلى مكعبات
- 120 جرام كوسة مفرومة ناعماً
- 500 مل مرق خضار أو دجاج قليل الملح

الاتجاهات

a) توضع المرقة في قدر كبيرة وتترك حتى الغليان. نضيف الدجاج ونخفف النار ونتركه ينضج لمدة 10 دقائق. أضيفي البطاطا الحلوة والكمثرى واتركيها على نار هادئة لمدة 10 دقائق أخرى.

b) أضيفي الكوسة واطهيها لمدة 5 دقائق أخرى ، حتى تنضج جميع المكونات وتنضج. اهرسها في المقلاة باستخدام معالج اليد.

55. مهروس الدجاج والقرع

الحصص: 6-8

مكونات
- 200 جرام قرع مطبوخ
- 100 جرام دجاج مطبوخ
- 125 جرام أرز بني مطبوخ

الاتجاهات

a) ضعي جميع المكونات في دورق به القليل من الماء أو الحليب الطبيعي لطفلك واهرسيه بالمحضر اليدوي للحصول على قوام منسوج مناسب لطفلك

56. دجاج بالذرة الحلوة والكمثرى

الحصص: 4-6

مكونات
- 100 جرام دجاج
- 50 جرام بصل مقطع إلى أرباع ثم مقطع
- 1 ملعقة كبيرة زيت زيتون
- 50 جرام ذرة حلوة
- 1 حبة بطاطس متوسطة مقشرة ومفرومة
- $\frac{1}{2}$ كمثرى صغيرة ، مقشرة ، منزوعة البذور ومفرومة
- 225 مل مرق دجاج أو خضروات قليل الملح

الاتجاهات

a) اغسلي الدجاج ثم قطعيه إلى شرائح. يُقلى البصل برفق حتى يصبح طريًا ، ثم يُضاف الدجاج ويُقلى لمدة 10 دقائق حتى ينضج تمامًا.

b) أضيفي الخضار والبطاطس ، واسكبي المرق واتركيها على نار هادئة لمدة 15 - 20 دقيقة. أخيرًا ، امزج في المقلاة بمعالج اليد.

57. يخنة لحم البقر مع بوريه الجزر

الحصص: 8-10

مكونات

- 250 جرام ستيك لحم بقري مقطع إلى مكعبات
- 2 ملاعق صغيرة زيت زيتون
- 1 كراث مقطع
- 1 جزرة مقشرة ومقطعة إلى قطع بحجم 2 إنش
- 2 حبات متوسطة الحجم مقشرة ومقطعة إلى مكعبات
- 250 مل ماء

الاتجاهات

a) سخني الزيت في مقلاة على نار متوسطة ، ثم أضيفي اللحم البقري وحمريه لمدة 2 3 دقائق حتى يصبح لونه بنيًا بالكامل. أضيفي الخضار والبطاطا والماء وحركيها واتركيها حتى الغليان. بعد ذلك ، خففي الحرارة ، وغطيه واتركيه على نار هادئة لمدة ساعة تقريبًا أو حتى ينضج اللحم البقري والخضروات. اهرس في المقلاة باستخدام معالج اليد حتى

b) تحصل على القوام المطلوب لطفلك.

c) للحصول على يخنة عائلية لذيذة ، ما عليك سوى ترك مرحلة الهرس وتقديمها لعائلتك مع البطاطس المخبوزة أو قطع الخبز الطازج.

58. حساء الدجاج المشوي والخضروات

الحصص: 6-8

مكونات
- 150 جرام قطع صغيرة من لحم صدر دجاج مشوي
- 100 جرام لحم قرع مكعبات
- 100 جرام بطاطا حلوة مقطعة مكعبات
- 2 ملاعق كبيرة بازلاء
- 2 ملاعق كبيرة ذرة حلوة
- الماء المغلي المبرد

الاتجاهات

a) نقطع لحم الدجاج ناعما ونتركه جانبا. اطبخي اليقطين والبطاطا والبازلاء والذرة على البخار. اهرس الدجاج والخضروات باستخدام معالج اليد. استخدم الماء المغلي المبرد لتخفيف البوريه إلى القوام المطلوب. دعها تبرد وتقدم.

59. تركيا وبرغر المشمش

يصنع. تقريبا. 300 غرام

مكونات
- 50 جرام بصل مقطع إلى أرباع ومفروم
- 1 ملعقة صغيرة زيت زيتون
- 150 جرام صدر ديك رومي مفروم
- 60 جرام فتات خبز وجبة كاملة طازجة
- 2 حبات مشمش مقطع
- 2/1 بيضة متوسطة مخفوقة
- 2 ملاعق كبيرة زيت عباد الشمس للقلي

الاتجاهات

a) يُقلى البصل في زيت الزيتون على نار متوسطة حتى يصبح طريًا ثم يُترك ليبرد ، ثم يُوضع لحم الديك الرومي المفروم والبصل المطبوخ في وعاء كبير ، ويُضاف باقي المكونات ويُخلط جيدًا باستخدام شوكة.

b) باستخدام ملعقتين من الحلوى ، شكلي قطعة من الخليط تقريبًا وضعيها برفق في مقلاة ساخنة ، واضغطي قليلاً لتسطيح البرجر.

c) يُطهى حتى يصبح لونه بنيًا جيدًا على كل جانب ويترك ليرتاح لمدة 23 دقيقة قبل التقديم.

60. كسكس الدجاج اللذيذ

الحصص: 4

مكونات
- 100 جرام كسكس
- 20 جرام زبدة
- 50 جرام كراث مقطع إلى قطع ومفروم ناعماً
- 50 جرام صدر دجاج منزوع الجلد ومقطع إلى مكعبات
- 25 جرام جزر مقشر ومقطع مكعبات
- 200 مل مرقة دجاج خالية من الملح

الاتجاهات

a) نذوب الزبدة في مقلاة ثم نضيف الكراث ويطريها. أضيفي بعد ذلك الدجاج واقليه حتى ينضج.

b) أثناء طهي الدجاج، اغلي الجزر حتى يصبح طريًا (حوالي 10 دقائق). صب الماء المغلي على مكعب المرق ثم أضفه إلى الكسكس في مقلاة واتركه بعيدًا عن النار لمدة 3 إلى 4 دقائق. يُمزج المزيج بالشوكة ويُضاف الدجاج والجزر.

c) للحصول على تناسق أكثر سلاسة، اهرسها باستخدام معالج اليد.

61. كرات لحم اطفال بالصلصة

يجعل تقريبا. 25-30 كرات لحم

مكونات الكفتة:

- 250 جرام لحم خنزير مفروم قليل الدهن
- 50 جرام بصل مقطع ومقطع إلى أرباع
- 60 جرام فطر مفرومة ناعماً
- 100 غرام بقسماط و 2 صفار بيض
- 1 ملعقة كبيرة زيت نباتي

صلصة الطماطم:

- 250 جرام طماطم طازجة ، منزوعة القشر ، بذور ومفرومة
- 150 مل ماء أو مرق خضروات ونصف بصلة صغيرة مفرومة ناعماً و 1 ملعقة كبيرة بيوريه طماطم
- 1 ملعقة كبيرة أعشاب طازجة مفرومة ناعماً مثل الريحان أو البقدونس أو الزعتر

الاتجاهات

a) يُسخن الفرن على حرارة 180 درجة مئوية. نقطع المكونات ونمزجها معًا ونقسم المزيج إلى ما يقرب من 25 كرة والتي يجب حفظها في الثلاجة أثناء تحضير الصلصة. لتحضير الصلصة ، ضعي جميع المكونات في مقلاة واتركيها حتى الغليان ، ثم اتركيها على نار خفيفة لمدة 20 دقيقة تقريبًا على نار خفيفة.

b) بعد تركه يبرد ، اخلطه في المقلاة باستخدام المعالج اليدوي. تقلى في مقلاة بالزيت لمدة 10 دقائق

حساء

62. حساء الدجاج

مكونات

- 1 كوب صدر دجاج مقطع غير مطبوخ
- كوب بصل مقطع
- نصف كوب جزر مقطع
- ربع كوب كوسة مفرومة
- 4 أكواب ماء

الاتجاهات

a) تُمزج المكونات في قدر ويُغلى المزيج

b) خففي النار وغطّيه واتركيه على نار خفيفة لمدة 3045 دقيقة أو حتى ينضج الدجاج جيدًا ويصبح الجزر طريًا

c) لتهدأ

d) صفي المزيج في معالج الطعام أو الخلاط وهرسه ، مع إضافة المرق حتى الوصول إلى القوام المطلوب

63. شوربة لحم بالخضار

مكونات
- 1 كوب لحم بقري مفروم
- 1 بطاطا مقشرة ومفرومة
- نصف كوب جزر مقطع
- كوب بصل مقطع
- 5 أكواب ماء

الاتجاهات

a) ضعي جميع المكونات في قدر واتركيها حتى الغليان

b) خففي الحرارة وغطّي واتركي المزيج على نار خفيفة لمدة 3045 دقيقة أو حتى ينضج اللحم جيدًا ويصبح الخضار طريًا

c) لتهدأ

d) أضف اللحوم والخضروات إلى الخلاط أو الخلاط وهرسها ، وأضف المرق حتى الوصول إلى القوام المطلوب

64. شوربة اليقطين

مكونات
- 1 كوب هريس اليقطين
- 2 كوب مرق دجاج قليل الصوديوم
- نصف ملعقة صغيرة فلفل أسود
- نصف ملعقة صغيرة زنجبيل
- 1 فص ثوم مفروم

الاتجاهات

a) تُمزج المكونات في قدر ويُغلى المزيج
b) خففي الحرارة ، غطيها واتركيها على نار هادئة لمدة 15 دقيقة مع التحريك المستمر

65. حساء القرع

مكونات

- 1 كوب لحم قرع مطبوخ على البخار
- نصف كوب جزر مطهو على البخار
- 2/1 كوب سبانخ مجمدة
- نصف كوب بازلاء مجمدة
- 2 كوب مرق دجاج قليل الصوديوم

الاتجاهات

a) في قدر ، تُغلى جميع المكونات
b) اخفض الحرارة فورًا
c) يُغطّى ويُترك على نار خفيفة لمدة 1015 دقيقة مع التحريك من حين لآخر
d) لتهدأ
e) أضف محتويات القدر إلى محضر الطعام أو الخلاط وهرس

.66 حساء البيض

مكونات

- 2 كوب مرق دجاج قليل الصوديوم
- 2 صفار بيض
- قرنبيط مقطع إلى مكعبات

الاتجاهات

a) يُغلى مرق الدجاج والقرنبيط والبهارات في قدر
b) خففي الحرارة ، غطي المزيج واتركيه على نار هادئة لمدة 1520 دقيقة أو حتى ينضج القرنبيط
c) بينما لا يزال الغليان على نار خفيفة ، قلبي صفار البيض بمضرب سلك
d) استمر في الخفق حتى يصبح صفار البيض صلبًا
e) لتهدأ
f) أضفه إلى محضر الطعام وهرس

67. حساء الهليون

الحصص: 4

مكونات
- 2 ملاعق كبيرة زيت زيتون
- 1 حبة بطاطس متوسطة مقشرة ومقطعة مكعبات
- 500 مل مرقة خضروات خالية من الملح
- 50 جرام بصل مقطع إلى أرباع و
- 450 جرام هليون

الاتجاهات

a) قطع الهليون إلى قطع ، وتجاهل أي أجزاء خيطية ونهايات قاسية من السيقان.

b) بعد ذلك ، نطري البصل في زيت الزيتون في مقلاة على نار متوسطة ، ثم أضيفي البطاطس والهليون والمرق.

c) غطيه واتركيه على نار هادئة لمدة 20 دقيقة. أخيرًا ، تُمزج الشوربة مع المعالج اليدوي في المقلاة حتى تصبح ناعمة وتقدم مع قطع التوست.

68. بيبي بورشت (حساء الشمندر)

الحصص: 4-3

مكونات

- 3 حبات شمندر متوسطة مفرومة
- 1 حبة بطاطس متوسطة مفرومة
- 1 بصلة صغيرة مفرومة
- 450 مل مرق خضروات قليل الملح
- 50 جرام زبادي طبيعي

الاتجاهات

a) تقشر جميع الخضار وتوضع في قدر من المرق.
b) يُغلى المزيج ، ثم يُغطّى ويُترك على نار خفيفة لمدة 30 دقيقة ، حتى تنضج الخضار. اتركه ليبرد ، ثم اخلطه مع قوام البيوريه في المقلاة باستخدام معالج اليد.
c) أضيفي الزبادي الطبيعي ثم قدميه.

69. شوربة التفاح والبطاطا الحلوة

الحصص: 4

مكونات

- 2 ملاعق صغيرة زبدة
- 2 ملاعق صغيرة دقيق
- 180 مل مرق دجاج قليل الملح
- 2 ملاعق صغيرة من التفاح المطبوخ
- 200 جرام بطاطا حلوة مطبوخة
- 50 مل حليب

الاتجاهات

a) نذوب الزبدة في مقلاة ونقلب الدقيق. يُسخن ويُحرّك حتى يتحول لون المزيج إلى اللون الأصفر الذهبي. أضيفي المرق ببطء مع التحريك ثم أضيفي التفاح المطبوخ والبطاطا الحلوة.

b) يُغلى المزيج ، ثم تُخفّف النار ويُترك على نار خفيفة لمدة 5 دقائق.

c) بعد ذلك ، اهرسي المزيج في المقلاة باستخدام معالج اليد ، ثم أضيفي الحليب ودفئيه برفق وقدميه.

70. حساء الخضار الجذرية والحمص

الحصص: 10

مكونات
- 2 ملاعق كبيرة زيت
- 2 بصل مفروم
- 2 جزر مفروم
- 2 عود كرفس مفروم
- 250 جرام حمص معلب
- 2 × 400 جرام طماطم مفرومة
- 1 ملعقة كبيرة بوريه طماطم
- 1 ملعقة صغيرة سكر بني ناعم
- 600 مل ماء
- 1 باقة قرني
- الفلفل الأسود المطحون حديثًا

الاتجاهات

a) يُحمّى الزيت في مقلاة كبيرة ويُضاف البصل ويُقلى حتى ينضج. أضيفي الخضار والطماطم مع عصيرهما.

b) نضيف باقي المكونات مع تتبيل الفلفل حسب الرغبة. يُغلى المزيج ويُغطى ويُترك على نار خفيفة لمدة 40 دقيقة ، حتى تنضج الخضار. تبرد قليلاً ، ثم أخرج باقة الجارني ، ثم اخلطها في المقلاة باستخدام معالج اليد.

c) قدميها مع أصابع التوست بالزبدة أو كعك الأرز.

71. minestrone بسيط

الحصص: 6

مكونات

- 50 جرام بصل مقطع ناعماً
- 120 جرام جزر ، مقطعة إلى قطع
- 50 جرام كراث مقطع إلى قطع
- 2 حبات متوسطة الحجم مقشرة ومقطعة إلى مكعبات
- 200 جرام طماطم مفرومة
- 1000 مل مرق خضروات غير مملح
- 2 ملعقة صغيرة بيوريه طماطم
- 75 جرام بيتيت بويس مجمدة
- 50 جرام معكرونة (يفضل الأشكال)
- 2 ملاعق كبيرة جبن بارميزان مبشور

الاتجاهات

a) يُقلى البصل والجزر والكراث ويُطهى حتى يصبح طريًا (حوالي 5 دقائق) ، ثم يُضاف البطاطس ويُطهى لمدة دقيقتين إضافيتين.

b) أضيفي الطماطم ، المرق ، بيوريه الطماطم واتركيها حتى الغليان ، ثم اتركيها على نار هادئة لمدة 1520 دقيقة. بعد ذلك ، أضيفي أشكال البازلاء والمعكرونة واطهيها لمدة 5 دقائق أخرى. اهرسها بمعالجك اليدوي.

c) يقدم مع الجبن.

هريس

72. مهروس السبانخ والبطاطا

الحصص: 6

مكونات
- 1 ملعقة كبيرة زيت نباتي
- 40 جرام كراث مقطع إلى قطع ومفروم
- 1 حبة بطاطس مقشرة ومقطعة مكعبات
- 175 مل ماء
- 60 جرام سبانخ صغيرة طازجة ، مغسولة ومزالة السيقان

الاتجاهات

a) يقلى الكراث في الزيت النباتي حتى يصبح طريًا. أثناء طهي الكراث ، قطّعي البطاطس إلى قطع ، ثم أضيفي الكراث الطري.

b) يُسكب على الماء ، ثم يُغلى ، ويُغطى ويُترك على نار خفيفة لمدة 6 دقائق.

c) يُضاف السبانخ ويُطهى لمدة 3 دقائق. دع المزيج يبرد ثم يُهرس باستخدام المعالج اليدوي في المقلاة.

73. بوريه الكوسا والبطاطا

الحصص: 8

مكونات
- ½ كراث صغير مقطع
- 15 جرام زبدة
- 250 جرام بطاطس مقشرة ومقطعة مكعبات
- 200 مل مرق دجاج أو خضروات قليل الملح
- 1 كوسة متوسطة مفرومة

الاتجاهات

a) اقلي الكراث في الزبدة حتى يصبح طريًا ثم أضيفي قطع البطاطس واتركيها لمدة ثلاث دقائق أخرى. يُغطى بالمرق ويُترك حتى الغليان ويُترك على نار خفيفة مع غطاء لمدة 5 دقائق أخرى.

b) بعد ذلك ، أضيفي الكوسا المفرومة واتركيها على نار هادئة لمدة 10-15 دقيقة حتى تنضج جميع الخضار. امزج في المقلاة باستخدام معالج اليد.

74. بوريه الجزر والبطاطس

الحصص: 4

مكونات
- 2 حبات متوسطة الحجم مقشرة ومفرومة
- 2 حبات جزر متوسطة الحجم مقشرة ومفرومة
- 1 ملعقة صغيرة زبدة غير مملحة

الاتجاهات

a) تُسلق قطع الجزر والبطاطس حتى تنضج لمدة 15 دقيقة ، ثم تُصفى ، وتترك لتبرد وتُهرس جيدًا.

b) يقلب في الزبدة. امزجيها للحصول على تناسق مركب باستخدام معالج اليد.

75. مهروس الجزر والجزر الأبيض

الحصص: 6

مكونات
- 200 جرام جزر مقشر ومقطع مكعبات
- 200 جرام جزر أبيض مقشر ومقطع إلى مكعبات

الاتجاهات

a) اطهي الخضار حتى تنضج.

b) اهرس بالمحضر اليدوي واضبط القوام بالماء المغلي المبرد أو حليب الطفل المعتاد.

76. بيوريه الكمثرى والبطاطا الحلوة

الحصص: 4

مكونات
- 1 بطاطا حلوة متوسطة الحجم مقشرة ومقطعة إلى نصفين
- 1 كمثرى حلوة ، مقشرة ، منزوعة اللب ومقطعة إلى 8 قطع

الاتجاهات

a) تُخبز البطاطا الحلوة في فرن مُسخّن مسبقًا على حرارة 180 درجة مئوية لمدة 40 دقيقة حتى تنضج.

b) اتركيه ليبرد ثم أزيلي القشر وتخلصي منه. تُسلق قطع الكمثرى لمدة 5 دقائق في مقلاة مع القليل من الماء المغلي.

c) يصفى ويبرد. قطّع البطاطس إلى قطع واهرسها حتى تحصل على قوام ناعم في المقلاة باستخدام الخلاط اليدوي.

d) قم بإزالته وضبطه على جانب واحد ثم كرر العملية مع الكمثرى. قدّمي البطاطا المهروسة مع دوامات من الكمثرى في الأعلى.

77. مهروس الخوخ والموز السريع

الحصص: 4

مكونات

- 1 حبة موز صغيرة ناضجة
- 1 حبة خوخ كبيرة ناضجة جدًا ، منزوعة القشرة ومقطعة إلى قطع

الاتجاهات

a) قشر الموز وقطّع إلى قطع صغيرة. ضعي الموز والخوخ في الدورق وأضيفي كمية قليلة من الماء أو عصير الخوخ.
b) امزج مع معالج اليد حتى تصبح ناعمة.

78. بوريه البطاطا الحلوة والأفوكادو

الحصص: 8

مكونات
- 200 جرام بطاطا حلوة مقطعة مكعبات
- $\frac{1}{2}$ أفوكادو ناضج
- حليب الثدي أو الحليب الصناعي المراد تخفيفه
-

الاتجاهات

a) اطهي البطاطا الحلوة على البخار حتى تنضج ، ثم اتركها لتبرد. أضيفي الأفوكادو إلى البطاطا الحلوة واخلطيها حتى تصبح ناعمة ودسمة باستخدام معالج اليد.

b) خففي القوام المناسب لطفلك بقليل من الثدي أو الحليب الاصطناعي.

79. بيوريه الباذنجان

الحصص: 8

مكونات
- 1 باذنجان صغير
- 1 ملعقة كبيرة زيت عباد الشمس أو زيت زيتون
- 1 ملعقة كبيرة بوريه طماطم

الاتجاهات

a) يُخبز الباذنجان في فرن محمّى على حرارة 180 درجة مئوية لمدة 50 دقيقة ، ثم يُخرج من الفرن ، ويُترك ليبرد ، ويُقطّع إلى نصفين ويغرف اللحم.

b) ضعي لب الباذنجان في الدورق مع الزيت وبوريه الطماطم واخلطيه بالمحضر اليدوي حتى يصبح قوامه ناعمًا.

80. مهروس الخيار والأعشاب

الحصص: 10

مكونات
- $\frac{1}{2}$ خيار
- 200 جرام زبادي يوناني كامل الدسم
- رشة من أي عشب طازج من اختيارك

الاتجاهات

a) يُقشر الخيار ويُقطع إلى نصفين على طوله ، ثم يُستخرج البذور ويُقطع الخيار جيدًا.

b) اعصري الخيار المبشور لإزالة السائل ، ثم امزجيه مع الزبادي والأعشاب باستخدام معالج اليد.

81. مهروس الجزر والتفاح

الحصص: 10

مكونات
- 1 جزرة كبيرة مقشرة ومفرومة
- 1 حبة بطاطس مقشرة ومفرومة
- 1 تفاحة مقشرة ومنزوعة البذور ومفرومة
- مرق خضروات قليل الملح أو ماء

الاتجاهات

a) ضعي مكعبات الجزر والبطاطس والتفاح في قدر وغطّيه بالمرقة أو الماء.

b) يُغلى المزيج ، ثم يُترك على نار خفيفة لمدة 10 دقائق حتى يصبح طريًا. صفيها ثم اخلطيها للحصول على قوام سلس.

82. مهروس الجزر والمشمش

الحصص: 6-4

مكونات

- 1 جزرة كبيرة مقشرة ومقطعة إلى قطع
- 4 حبات مشمش مقشر (أو استخدم المشمش المجفف)

الاتجاهات

a) ضعي الجزر في قدر من الماء المغلي ، خففي الحرارة واتركيها على نار هادئة لمدة 10 دقائق حتى تصبح طرية. يُصفّى ويُضاف المشمش المفروم إلى المقلاة.
b) اهرسها في المقلاة باستخدام معالج اليد.

83. مهروس الخضروات الجذرية

الحصص: 10

مكونات
- 1 حبة بطاطس متوسطة مقشرة ومفرومة
- 1 جزرة متوسطة مقشرة ومقطعة إلى شرائح
- 1 حبة متوسطة الحجم من الجزر الأبيض ، مقشرة ومقطعة إلى شرائح
- مرق خضروات قليل الملح أو ماء

الاتجاهات

a) توضع الخضار في مقلاة وتُسكب فيها كمية كافية من المرقة لتغطيتها.
b) يُطهى على نار خفيفة حتى تنضج الخضار (حوالي 15 دقيقة). اهرس باستخدام معالج اليد.

84. شمام بطيخ ومانجو بيوريه طعام الأطفال

الحصص: 12

مكونات
- 1 مانجو ناضجة ، مقشرة ، منزوعة النواة ومقطعة إلى مكعبات
- 1 شريحة شمام مقشرة ومفرومة
- 2/1 موزة ناضجة مقشرة ومقطعة مكعبات

الاتجاهات

a) ضع جميع المكونات في الدورق الخاص بك واخلطها بالمحضر اليدوي حتى تصبح ناعمة.

85. بوريه الجزر والمانجو

الحصص: 5

مكونات

- 1 جزرة متوسطة مقشرة ومفرومة
- $\frac{1}{2}$ مانجو منزوع الجلد ومفروم

الاتجاهات

a) يُضاف الجزر المفروم إلى قدر من الماء المغلي ، ويُخفَّف الحرارة ويُترك على نار خفيفة لمدة 10 دقائق حتى يصبح الجزر طريًا.

b) يُصفَّى ، يُترك ليبرد ثم يُضاف المانجو المفروم إلى المقلاة ويُهرس حتى يصبح ناعمًا باستخدام معالج اليد.

86. مهروس السويدي والبطاطا الحلوة

الحصص: 10

مكونات
- 250 جرام سويدي مقشر ومفروم
- 250 جرام بطاطا حلوة مقشرة ومفرومة

الاتجاهات

a) ضعي السويدي والبطاطا الحلوة المفرومة واتركيها على البخار لمدة 1520 دقيقة.
b) اتركيها لتبرد ، أضيفي القليل من الماء أو حليب طفلك الطبيعي ثم اهرسيها باستخدام معالج اليد.

87. بوريه البطاطا الحلوة والسبانخ والفاصوليا الخضراء

الحصص: 10

مكونات
- 25 جرام زبدة غير مملحة
- 50 غ من الكراث ، مغسول جيداً ومقطّع إلى شرائح رفيعة
- 200 جرام بطاطا حلوة
- 50 جرام فاصوليا خضراء مجمدة
- 50 جرام من السبانخ الطازجة أو المجمدة (مغسولة إذا كانت طازجة)

الاتجاهات

a) تُذوّب الزبدة في مقلاة ويُقلى الكراث حتى يصبح طريًا ، ثم تُضاف البطاطا الحلوة. أضف 250 مل من الماء واتركه حتى الغليان.

b) بعد ذلك ، يُغطى بغطاء المقلاة ويُترك على نار خفيفة لمدة 10 دقائق حتى تنضج البطاطا الحلوة. أضيفي السبانخ والفاصوليا ، ثم ارفعيها عن النار واهريسيها بمعالج اليد حتى تصبح ناعمة.

88. بيوريه سمك أبيض وصوص

الحصص: 10

مكونات
- 20 جرام زبدة غير مملحة
- 50 جرام بصل مفروم ناعماً
- 1 جزرة متوسطة مقشرة ومقطعة إلى شرائح
- 240 مل ماء مغلي
- 100 جرام سمك أبيض ، منزوع الجلد وشرائح - تأكد من إزالة جميع العظام!
- 120 مل حليب
- 1 ورقة غار

الاتجاهات

a) أولاً ، نضع البصل في قدر مع 20 جرام من الزبدة ويقلى حتى يصبح طرياً. ثم يضاف الجزر ويغطى بالماء ويترك على نار هادئة لمدة 10 - 15 دقيقة. بعد ذلك ، ضع السمك في مقلاة مع الحليب وورق الغار.

b) يُترك على نار خفيفة لمدة 5 دقائق تقريبًا حتى ينضج السمك تمامًا ، ثم يُنزع ورق الغار ، ويُقشر السمك ويوضع جميع المكونات (باستثناء ورق الغار) في دورق ويُمزج بالمحضر اليدوي إلى القوام المطلوب لطفلك.

89. بوريه الموز والأفوكادو

الحصص: 8-6

مكونات

- 1 موزة ناضجة مقشرة
- حبة أفوكادو ناضجة ، منزوعة النواة ومقشرة
- 1 ملعقة صغيرة زبادي كامل الدسم أو قشدة طازجة

الاتجاهات

a) اهرسي الموز والأفوكادو معًا في وعاء قبل إضافة ملعقة من الزبادي أو الكريم الطازج وخلطهما للحصول على قوام سلس باستخدام معالج اليد.

b) بالنسبة للأطفال الأصغر سنًا ، يمكنك استبدال الكريم الطازج بالصدر أو الحليب الصناعي لتخفيفه.

90. بيوريه المانجو والتوت الأزرق

الحصص: 4

مكونات
- 30 جرام من العنب البري
- $\frac{1}{2}$ مانجو صغيرة ناضجة

الاتجاهات

a) قشر المانجو واقطع اللحم.
b) ضعيها في الدورق مع العنب البري وامزجيها للحصول على تناسق سلس باستخدام معالج اليد.

91. هريس البطاطا الحلوة والبطيخ

الحصص: 10

مكونات
- 200 جرام بطاطا حلوة مطبوخة، مقطعة إلى مكعبات
- 200 جرام شمام مقطع مكعبات
- 50 جرام زبادي طبيعي

الاتجاهات

a) ضعي البطيخ والبطاطا الحلوة المطبوخة في دورق واخلطيه باستخدام محضر اليد للحصول على قوام ناعم.

b) يضاف الزبادي ويخلط لمدة 10 - 20 ثانية. برد ثم قدمها باردة.

92. بيوريه القرع بالكريمة بالجوز

الحصص: 3-2

مكونات

- 200 جرام قرع الجوز المفروم
- 1 ملعقة كبيرة زبادي سادة كامل الدسم

الاتجاهات

a) اطهي الكوسة على البخار لمدة 15 دقيقة ثم اتركها لتبرد وتوضع جميع المكونات معًا في دورق وتخلط مع معالج اليد للحصول على قوام بيوريه.

93. هريس القرنبيط والبطاطا الحلوة

الحصص: 4

مكونات
- 1 بطاطا حلوة صغيرة مقشرة ومفرومة
- 3 أو 4 زهيرات قرنبيط كبيرة مفرومة
- الثدي أو الحليب الصناعي لتخفيفه

الاتجاهات

a) اطهي البطاطس والقرنبيط على البخار حتى تصبح طرية (10 - 15 دقيقة) ، ثم ضعيها في الدورق الخاص بك ، وأضيفي الجبن واخلطيهم للحصول على قوام ناعم باستخدام معالج اليد.

b) خففه بقليل من الثدي أو الحليب الصناعي للحصول على القوام المناسب لطفلك.

94. بقايا الديك الرومي والبطاطا المهروسة

الحصص: 4

مكونات
- 100 جرام من لحم الديك الرومي المطبوخ والمقطع ناعماً
- 200 جرام بطاطس مطبوخة متبقية
- ماء للمعالجة

الاتجاهات

a) ضع نصف كل من الديك الرومي والبطاطس في الدورق وأضف الماء حسب الحاجة للمعالجة.

b) قم بالمعالجة باستخدام معالج اليد الخاص بك حتى يتم الحصول على بيوريه جيد.

c) كرر هذه العملية مع باقي الديك الرومي والبطاطس.

95. بيوريه القد والأرز

الحصص: 4-3

مكونات

- 50 جرام أرز
- 100 مل ماء
- 40 غ فيليه سمك القد منزوع الجلد منزوع العظم
- بضعة أغصان من البقدونس

الاتجاهات

a) ضعي الأرز والماء في مقلاة ، وحركيها مرة واحدة واتركيها على نار هادئة لمدة 10 دقائق.
b) يُضاف السمك ويُطهى لمدة 10 دقائق أخرى ، مع إضافة الماء إذا لزم الأمر. أخيرًا يضاف البقدونس ويطهى لمدة دقيقتين.
c) امزج في المقلاة باستخدام معالج اليد.

96. مهروس العدس الأحمر

الحصص: 4-3

مكونات

- 125 جرام عدس أحمر
- 25 جرام بصل مفروم
- 1 ملعقة كبيرة زيت
- 25 جرام جزر مفروم ناعماً
- 500 مل ماء

الاتجاهات

a) اغسلي العدس وجففيه جيدًا. نقع بين عشية وضحاها (إذا كانت التوجيهات على العبوة تقول أن هذا مطلوب). يُقلى البصل في الزيت لمدة 4-6 دقائق حتى يصبح طريًا. أضف الجزر واستمر في الطهي لمدة 4-5 دقائق أخرى.

b) يضاف العدس المصفى والماء. يُغلى المزيج ، ثم يُترك على نار خفيفة لمدة 45 دقيقة ،

c) أو حتى ينضج العدس. صفي المزيج وهرس في المقلاة باستخدام معالج اليد.

d) يمكن لهذا الطبق أن يصنع ضالًا حارًا لمرافقة الكاري. للقيام بذلك ، قسّمي مزيج العدس المسلوق إلى نصفين ، واحتفظي بحصة واحدة كهرسة لطفلك ، وأضيفي الأخرى إلى مقلاة مع القليل من مسحوق الكاري أو معجون ، وحركيها وقدميها.

97. بازيلاء خضراء مع نعناع بيوريه

الحصص: 4-3

مكونات

- 200 جرام بازلاء طازجة أو مجمدة
- 150 مل ماء
- حفنة من النعناع الطازج

الاتجاهات

a) أضف البازلاء إلى الماء في مقلاة. يُغلى المزيج ويُترك على نار خفيفة.
b) أضف كمية صغيرة من النعناع الطازج ، وعند طهيها ، اختبر الطراوة وامزجها بالقوام المرغوب باستخدام المعالج اليدوي ، مع إضافة حليب البقر كامل الدسم حسب الضرورة.

98. هريس البطاطا الحلوة والبيضاء

الحصص: 6

مكونات
- 200 جرام بطاطس مقشرة ومقطعة مكعبات
- 200 جرام بطاطا حلوة مقشرة ومقطعة مكعبات
- 25 جرام زبدة
- 50 مل حليب (حليب أبقار أو حليب الأم أو الحليب الاصطناعي ، حسب مرحلة التغذية)
- 30 جرام جبن مبشور

الاتجاهات

a) توضع البطاطا والبطاطا الحلوة في قدر من الماء المغلي ، وتخفف النار وتترك على نار هادئة لمدة 1520 دقيقة ، حتى تنضج.

b) صفي المزيج ثم أضيفي الزبدة والحليب والجبن واخلطيهم حتى يصبح قوامها كثيفًا باستخدام معالج اليد.

99. مهروس الاسكواش والكمثرى

الحصص: 6

مكونات
- 200 جرام قرع مطبوخ
- 100 جرام من المشمش المجفف (منقوع في الماء لمدة 30 دقيقة)
- 75 جرام زبيب (منقوع في عصير التفاح لمدة 30 دقيقة)
- 1 كمثرى ناضجة جدا ، مقشرة ، منزوعة البذور ومفرومة

الاتجاهات

a) اهرس جميع المكونات باستخدام معالج اليد للحصول على قوام متناسق.

100. مهروس "Popeye"

الحصص: 8-6

مكونات

- 125 جرام بطاطا حلوة مقشرة ومقطعة إلى مكعبات صغيرة
- 125 جرام جزر طري مقطع
- 125 غ من الفاصوليا الخضراء ، منزوعة الأطراف
- 125 جرام سبانخ
- 125 جرام بازلاء مجمدة

الاتجاهات

a) ضعي البطاطا الحلوة والجزر في قدر بخاري واتركيها على البخار لمدة 8 دقائق. أضيفي المكونات المتبقية وسخنيها لمدة 6 دقائق أخرى.

b) أخرجيها من القدر البخاري ، ثم اهرسيها حتى تصبح قوامها خشنًا باستخدام معالج اليد. تقدم مبردة.

الخلاصة

مع تقدم الأطفال في السن ، يحتاجون إلى طعام صلب للحصول على ما يكفي من العناصر الغذائية للنمو والتطور. تشمل هذه العناصر الغذائية الأساسية الحديد والزنك وغيرها.

في الأشهر الستة الأولى من العمر ، يستخدم الأطفال الحديد المخزن في أجسامهم منذ أن كانوا في الرحم. كما أنهم يحصلون على بعض الحديد من لبن الأم و / أو حليب الأطفال. لكن مخازن الحديد لدى الأطفال تنخفض مع نموهم. في عمر 6 أشهر تقريبًا ، يحتاج الأطفال إلى تناول الطعام الصلب.

يعد إدخال الأطعمة الصلبة أمرًا مهمًا أيضًا لمساعدة الأطفال على تعلم تناول الطعام ، ومنحهم تجربة مذاقات وقوام جديد من مجموعة من الأطعمة. إنه يطور أسنانهم وفكينهم ويبني مهارات أخرى سيحتاجون إليها لاحقًا لتنمية اللغة.

www.ingramcontent.com/pod-product-compliance
Lightning Source LLC
Chambersburg PA
CBHW071612080526
44588CB00010B/1106
9781837621514